## mini版

## ネイティブスピーカーに近づく英語

### あなたは、こんな会話をしていませんか？

- [ ] 1. 失敗したことを責められて「I'm sorry.」
- [ ] 2.「遅刻しそう！」との連絡に「Really?」
- [ ] 3. 具合が悪そうな人に「What's wrong?」
- [ ] 4. 道をゆずるときに「You go first.」
- [ ] 5. 会話の相づちに「Uh-huh?」
- [ ] 6. 頼まれごとを引き受けるときに「Why not?」

**こんな英語を使っていたら、
あなたの英語は危険かもしれません。**

## はじめに

### ネイティブもけっこう気をつかって会話しています。

　私は、日本に来て25年になります。その間、ずっと疑問に思っていたことがあります。なぜ、日本人はぶしつけな英語を使うのか？　日本人は、母語である日本語を話すときは、非常に礼儀正しい印象を受けます。ところが、英語になるととたんに失礼な話し方になってしまう人が意外に多く、驚かされることがあります。また、フレンドリーでカジュアルな態度が求められるシーンで、必要以上に丁寧な言葉を使ってしまい、よそよそしい印象を相手に与えてしまう失敗もよく耳にします。

　たとえば、Is this book yours?（この本はあなたのですか?）と聞かれた場合、あなたの本でなければ、No, it's not. という返事がまず思い浮かぶと思います。しかし、実はこのような言い方では、シチュエーションによってはストレートすぎることも

大きなミスをしたのに、
気軽に「ごめん」じゃないだろう！
→詳しくは p.43 へ

仕事の話なのに、
「マジ？」返事は軽すぎる！
→詳しくは p.83 へ

 はじめに

あるんです。

こんなとき、ネイティブ流に丁寧に言う表現は I don't believe it is.(そうでないように思いますが)や I don't think so.(違うと思います)。

それは、英語ネイティブでも、円滑なコミュニケーションを図るために断定的な言い方を避け、柔らかな物腰の表現を用いているからです。本書は、ネイティブスピーカーにより近づくための、状況に合った適切な表現を、正しく使いこなせるようになるためのガイドブックです。

「違います」などのテーマごとに、丁寧からラフな表現まで5つの異なった表現でフレーズを紹介しています。どれも、もちろんネイティブスピーカーに近づくためのフレーズです。これらのバリエーションを、状況に合わせてうまく使いこなせるようになれれば、あなたの英語コミュニケーション能力はきっと飛躍的に向上します!

デイビッド・セイン

相手に合わせて使い分けないと、「心配してない」と誤解される!
→詳しくは p.59 へ

気を利かせたつもりでも、命令口調ではむしろ失礼!
→詳しくは p.107 へ

# 本書の使い方

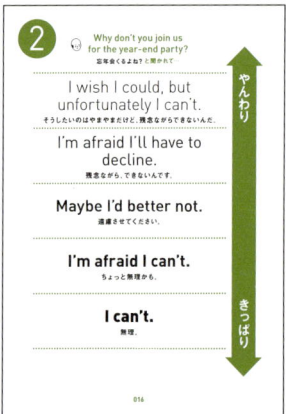

**1** まずは、ブロックごとの最初のページにある「と言われて」の部分の英語を読んでください。それに対する答え方が5種類あります。その中で「これが自分の気持ち」と思える表現をまずは英訳してください。そのあと、そのほかの表現も英訳してください。

**2** 次のページを見て、自分の英訳が正しかったかをチェックし、できなかった表現は、ぜひ覚えてください。「丁寧⇔ラフ」「きっぱり⇔やんわり」など、ニュアンス順に上下に伸びる矢印に沿ってフレーズが並んでいます。同じ断るでも、やんわり断りたいのか、きっぱり断りたいのか、「フレーズの持つニュアンス」がわかれば、最適の言葉が選べます。

**3** 3ページ目は、英語表現に関する解説です。ここも読んで、よりその表現を自分のものにしてください。

**本書の使い方**

4 4ページ目は、それぞれの表現の解説です。どういう時に使うのか、似た表現はあるのかなど、ニュアンスの違いを理解しましょう。

## こんな風に使います！

「ありがとう」と友達に言うときは ▶ レベルダウン

「すみません」と仕事相手に言うときは ▶ レベルアップ

ビジネスシーンで OK するときは ▶ レベルアップ

ショッピングで強引な勧めを断るときは ▶ レベルダウン

海外旅行中、何かをお願いしたいときは ▶ レベルダウン

はじめに ……………………………………………………… 2

Phrase 01 ちょっとしたことにお礼の「ありがとう」……… 7
Phrase 02 お礼に対して「どういたしまして」……………… 11
Phrase 03 興味はあるけど断りたいとき ………………… 15
Phrase 04 興味のあることにOKするとき ………………… 19
Phrase 05 ちょっとした頼まれごとを断るとき …………… 23
Phrase 06 ちょっとした頼まれごとをOKするとき ……… 27
Phrase 07 面倒な頼まれごとを断るとき ………………… 31
Phrase 08 面倒な頼まれごとをOKするとき …………… 35
Phrase 09 ちょっとしたことを謝るとき ………………… 39
Phrase 10 大変なミスを謝るとき ………………………… 43
Phrase 11 アドバイスを求められて「やりなよ」………… 47
Phrase 12 アドバイスを求められて「やめなよ」………… 51
Phrase 13 不安に思っている人に「頑張れ」……………… 55
Phrase 14 相手を気遣って「大丈夫？」…………………… 59
Phrase 15 悩んでいる人に「私にできることある？」…… 63
Phrase 16 笑い話に「おもしろい」………………………… 67
Phrase 17 興味深い話に「おもしろい」…………………… 71
Phrase 18 つまらない話に「興味ないな」………………… 75
Phrase 19 その話「ウソでしょ？」………………………… 79
Phrase 20 その話「本当？」………………………………… 83
Phrase 21 その話「ありえない」…………………………… 87
Phrase 22 質問に対して「まだわからない」……………… 91
Phrase 23 質問に対して「いや（違います）」…………… 95
Phrase 24 出来を聞かれて「微妙」………………………… 99
Phrase 25 評価を聞かれて「個人的にはNG」…………… 103
Phrase 26 順番を譲る「どうぞ」…………………………… 107
Phrase 27 食べ物をすすめる「どうぞ」…………………… 111
Phrase 28 失敗したときに「やっちゃった」……………… 115
Phrase 29 話の続きを聞く「それで？」…………………… 119

カタコト英語克服度チェック！ ……………………… 123

**Kimochi Phrase 01**
ちょっとしたことに
お礼の「ありがとう」

# Here, your computer works fine now.

ほら、これでパソコンなおったよ。

**と言われて**

よし、直った！
カチ カチ

彼にコンピューター直してもらった

心から
- ありがとうございます。
- どうもありがとう。
- ありがとう！
- ありがと。
- あ、どうも。

つれない

🗣 **Here, your computer works fine now.**
ほら、これでパソコンなおったよ。と言われて…

---

# Thank you ever so much.
ありがとうございます。

---

# Thanks a lot.
どうもありがとう。

---

# Thank you!
ありがとう!

---

# Thanks.
ありがと。

---

# Oh, okay.
あ、どうも。

心から ↕ つれない

Kimochi Phrase 01 ちょっとしたことにお礼の「ありがとう」

気持ちを大げさに表現しようと、Oh を付けて「オー、オーケー」なんて言っていませんか？ この Oh, okay. は実は危険な言葉。ネイティブには軽く「あ、どうも」と聞こえているんですよ。

こんなシチュエーションでも…
* 道を案内してくれた
* 落としたものを拾ってくれた
など、ちょっとしたことに対するお礼に。

## キモチフレーズ ニュアンス解説

**心から ↓**

### Thank you ever so much.
**ありがとうございます。**

丁寧なお礼の表現として Thank you very much. を思い浮かべる人も多いでしょうが、それでは型どおりすぎて、逆に心がこもった感じになりません。ever は so much を強めるための言葉です。

### Thanks a lot.
**どうもありがとう。**

Thanks a lot. の a lot は、感謝の度合いが強いことを強調するために用いられる語句です。ほかにも、Thanks a bunch. や Thanks a million. などの言い方もよく使われます。

### Thank you!
**ありがとう!**

やはり、基本のお礼表現といえばこれ。なまじ長くて堅苦しいお礼の言葉よりも、シンプルな Thank you! を使ったほうが、感謝の気持ちがストレートに伝わることもあります。

### Thanks.
**ありがと。**

Thanks. は、別に失礼な返事というわけではなく、ビジネスシーンなどのフォーマルな場でも普通に使われます。軽く「ありがと」とお礼を述べるイメージです。

### Oh, okay.
**あ、どうも。**

何気なく言ってしまいがちな「オー、オーケー」ですが、Oh という感嘆詞が入ると okay は、最低限のお礼の気持ちを込めるフレーズになります。親しい間柄で使ってみてください。

**↓ つれない**

**Kimochi Phrase 02**

お礼に対して「どういたしまして」

# Thank you.

ありがとう。

→ と言われて

丁寧 ↑

- いえいえ、こちらこそありがとうございました。
- こちらこそ。
- どういたしまして。
- いえいえ。
- オッケーですよ。

↓ 軽い

**Thank you.**
ありがとう。と言われて…

## It was all my pleasure.
いえいえ、こちらこそありがとうございました。

## My pleasure.
こちらこそ。

## You're welcome.
どういたしまして。

## Sure.
いえいえ。

## Okay.
オッケーですよ。

丁寧 ↑ / 軽い ↓

Kimochi Phrase 02 お礼に対して「どういたしまして」

## It was all my pleasure.
いえいえ、こちらこそありがとうございました。

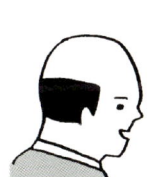

軽いお礼に対して「いえいえ」のつもりで「ノー、ノー」と言わなかったのは合格ですが、「こちらこそ（喜んでいただけて）ありがとうございます」だなんて、丁寧過ぎても妙な会話に。

**こんなシチュエーションでも…**
＊仕事を手伝ったお礼に対して
＊道を案内をしたお礼に対して
など、ちょっとしたことへの謝辞への返事に。

## キモチフレーズ
## ニュアンス解説

丁寧 ↑

### It was all my pleasure.
**いえいえ、こちらこそありがとうございました。**

かなり丁寧な対応フレーズです。「お礼なんてとんでもない」「お礼を言うのはこちらのほうですよ」というニュアンスになるので、目上の人などに使うとよいでしょう。

### My pleasure.
**こちらこそ。**

It was (all) my pleasure. を簡略化したパターン。丁寧な言葉ですが、バカ丁寧な感じにはならないので、どのような場面でも使うことができる便利な表現です。

### You're welcome.
**どういたしまして。**

このひとことは、「お礼を言うのはこちらのほうですよ」とまで言ったらおおげさだけれど、「構いませんよ」「どういたしまして」というような気持ちを伝えるときによく用います。

### Sure.
**いえいえ。**

カジュアルに「いえいえ」と応じるパターン。Sure. を、このような状況で使うことを知らない日本人が多いようですが、実際にはネイティブはよく使います。

### Okay.
**オッケーですよ。**

カジュアルな応じ方で、ニュアンスとしては「いいって、いいって」「気にすんなって」というところです。当然、親しい間柄でのみ使うようにしましょう。

軽い ↓

## Kimochi Phrase 03
### 興味はあるけど断りたいとき

**Why don't you join us for the year-end party?**

忘年会くるよね？ と聞かれて

やんわり ▶

- そうしたいのはやまやまだけど、残念ながらできないんだ。
- 残念ながら、できないんです。
- 遠慮させてください。
- ちょっと無理かも。
- 無理。

きっぱり ▶

パーティーいかない

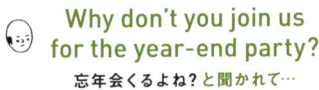

**Why don't you join us for the year-end party?**

忘年会くるよね？と聞かれて…

## I wish I could, but unfortunately I can't.
そうしたいのはやまやまだけど、残念ながらできないんだ。

## I'm afraid I'll have to decline.
残念ながら、できないんです。

## Maybe I'd better not.
遠慮させてください。

## I'm afraid I can't.
ちょっと無理かも。

## I can't.
無理。

やんわり ↕ きっぱり

**Kimochi Phrase 03** 興味はあるけど断りたいとき

「○○できる?」と聞かれると、つい教科書で習った I can't. と答えたくなる人も多いはず。でも、それでは「無理!」とつっけんどんに言ったようなニュアンスになってしまいます。

> **こんなシチュエーションでも…**
> ＊飲み会、カラオケに誘われた
> ＊映画、ショッピングに誘われた
> など、断るときに。

## I wish I could, but unfortunately I can't.
#### そうしたいのはやまやまだけど、残念ながらできないんだ。

仮定法で I wish I could「できたらいいけど」と断った上、unfortunately「残念ながら」という副詞を使うのがポイント。相手を気遣いつつ断りたい場合に使えるひと言です。

## I'm afraid I'll have to decline.
#### 残念ながら、できないんです。

I'll have to decline. は「断らざるをえないでしょう」。意に反して不可能であるということを相手に伝えます。I'm afraid をあたまにつけることで、語調がソフトになります。

## Maybe I'd better not.
#### 遠慮させてください。

Maybe I'd better not. は、「もしかしたら私はやめておいたほうがいいかもしれません」という意味。相手の気を悪くすることなく、「やめておきます」という意思を伝えられます。

## I'm afraid I can't.
#### ちょっと無理かも。

I can't. は、文字通り「できません」「無理です」ということ。I'm afraid をつけることで少しソフトになりますが、「無理だ」ということが相手にはっきり伝わります。

## I can't.
#### 無理。

つい言ってしまいがちですが、これは「できない」「無理です」と、はっきり断るときの言葉。あいまいに返事をするよりは、このようにきっぱりと断ったほうがいいというケースもありますよね。

## Kimochi Phrase 04
### 興味のあることにOKするとき

## Would you like to go to a movie with me?

映画見に行かない？ **と聞かれて**

ノリノリ

もちろん！ ▶

おもしろそう！ ▶

いいね。 ▶

うん。 ▶

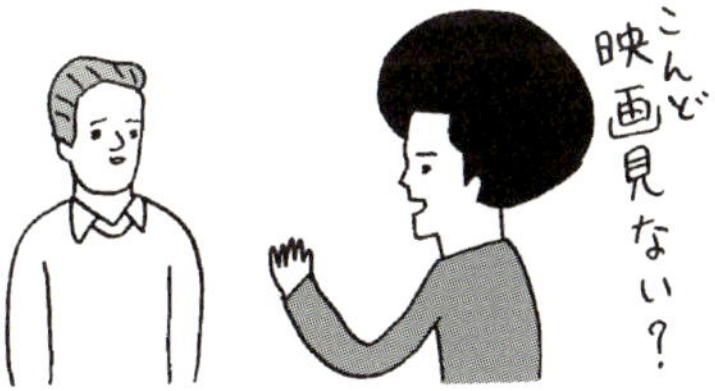

まあ、いいけど…。 ▶

しぶしぶ

こんど映画見ない？

**Would you like to go to a movie with me?**

映画見に行かない？と聞かれて…

ノリノリ ↕ しぶしぶ

**Of course!**
もちろん！

**Sounds fun!**
おもしろそう！

**Sure.**
いいね。

**All right.**
うん。

**I guess.**
まあ、いいけど…。

**Kimochi Phrase 04 興味のあることに OK するとき**

映画に行く約束をしたと思って、映画館の前で待ちぼうけしているアフロくん。ネイティブが I guess. と言うときは「(本当は行きたくないから)考えとく」という気持ちなんです。

**こんなシチュエーションでも…**
* 買い物に誘われた
* デートに誘われた
など、OKするときに。

**キモチフレーズ**
## ニュアンス解説

### Of course!
**もちろん！**

Of course! は「もちろんだよ！」「当然！」というニュアンスで、かなり乗り気であることを示すためのひと言。Why, of course! という言い方が用いられることもあります。

### Sounds fun!
**おもしろそう！**

That sounds fun! を簡略化したもので、「それって、面白そうだね!」という意味になります。Sounds nice! / Sounds great! なども、同じような気持ちを表現できますので使ってみましょう。

### Sure
**いいね。**

普通に「うん、いいよ」と答えたいなら、この Sure. を用いるのが一番でしょう。All right. のようなネガティブなニュアンスがない、最も中立的な表現です。

### All right.
**うん。**

相手が「ノリノリの答え」を予想している場面でこの言葉を用いると、「いいけど…」という、一応の承諾の裏に隠されたためらいのニュアンスを伝えることになります。

### I guess.
**まあ、いいけど…。**

I guess. は「…だと思うよ」という意味で、ここでは「オーケーだと思うよ」つまり、実はあまり乗り気でなく、まだ行くと約束したわけではない場合もあるのでニュアンスに注意して。

↑ ノリノリ / しぶしぶ ↓

## Kimochi Phrase 05
### ちょっとした頼まれごとを断るとき

# Can I have your e-mail address?

メールアドレス教えて と聞かれて

やんわり

▶ ちょっとダメですね。

▶ 残念ですが、ダメです。

▶ ダメです。

▶ 答えは「ノー」です。

▶ 絶対に嫌だ。

きっぱり

 Can I have your e-mail address?
メールアドレス教えてと聞かれて…

やんわり ↑

## I'll have to say no.
ちょっとダメですね。

## I'm afraid you can't.
残念ですが、ダメです。

## No, sorry.
ダメです。

## The answer's no.
答えは「ノー」です。

## Forget it!
絶対に嫌だ。

きっぱり ↓

 Kimochi Phrase 05 ちょっとした頼まれごとを断るとき

Forget it ! は「忘れて」ではなく「絶対に嫌」というもっともストレートな断り文句。解釈を間違えて、しつこく迫ってはいけません。残念ですが、あきらめて他をあたりましょう。

> こんなシチュエーションでも…
> ＊鉛筆や辞書を貸してほしい
> ＊100円貸してほしい
> など、お願いの返事に。

やんわり ↓

### I'll have to say no.
**ちょっとダメですね。**

単に「ダメです」と断るのではなく、感じよく断りたいときに使いたいフレーズ。have to を入れることで、「本当は断りたくないんですが」という気持ちを込めることができます。

### I'm afraid you can't.
**残念ですが、ダメです。**

I'm afraid を使うことによって、断定的な口調になるのを避けています。きっぱりと冷徹に断るのではなく、ある程度相手を気遣って断りたい場合に選択したいひと言です。

### No, sorry.
**ダメです。**

No とはっきり断りつつも、相手を一応気遣って sorry を付け加えています。日本語では「ごめん」と言いがちですが、英語ではまずは「断る」という意思を示すので、先に No と言います。

### The answer's no.
**答えは「ノー」です。**

この The answer's no. は The answer is no. を短縮しているのですが、なかなかきつい言い方です。四の五の言わせずに、厳然とした感じで、きっぱりと断るときに使います。

### Forget it!
**絶対に嫌だ。**

直訳すれば「それを忘れなさい」となりますが、「そんなことを言っても無理（あるいはムダ）だから、忘れちゃいなさい」というニュアンスで使われます。最もストレートな言い方です。

↓ きっぱり

**Kimochi Phrase 06**
ちょっとした頼まれごとを OK するとき

# Could you pass me the salt?

塩とってくれない？

と聞かれて

快く ↓

▶ ぜんぜん構わないよ。

▶ どうぞ。

▶ いいよ。

▶ いいんじゃない。

▶ うーん、いいけど…。

しぶしぶ

### Could you pass me the salt?
塩とってくれない？と聞かれて…

快く

**No problem.**
ぜんぜん構わないよ。

**All right.**
どうぞ。

**Okay.**
いいよ。

**I suppose so.**
いいんじゃない。

**Um, okay.**
うーん、いいけど…。

しぶしぶ

 **Kimochi Phrase 06** ちょっとした頼まれごとを OK するとき

「うん。オッケー」日本語交じりで気持ちよく OK したつもりでしょうが、ネイティブには Um, okay.（うーん、いいけど）とためらっているように聞こえ、ムッとされてしまいます。

> **こんなシチュエーションでも…**
> ＊鉛筆や辞書を貸してほしい
> ＊窓を閉めてほしい
> など、お願いの返事に。

**キモチフレーズ**
## ニュアンス解説

快く ↑

### No problem.
**ぜんぜん構わないよ。**

No problem. は「まあ、問題はないけど…」程度の意味だと思っている人もいるかもしれません。実際は、日本語で言う「ぜんぜんオッケー」。相手の頼みごとを完全に承諾する返事です。

### All right.
**どうぞ。**

All right. は Okay. とほぼ同じと言っていいのですが、Okay. よりももっと前向きな感じになります。「いいよ」よりも、「もちろんいいよ」というニュアンスになります。

### Okay.
**いいよ。**

Um をつけたりして、「言いよどんだ」感じにしなければ、Okay. はすっきりとした快諾の返事になります。簡単な頼まれごとに対する返事としては、これが最も一般的でしょう。

### I suppose so.
**いいんじゃない。**

suppose は「…と思う」という意味なので、I suppose so.「そうだと思うよ」つまり「いいんじゃないの？」というニュアンスになります。快諾はしていないことが伝わります。

### Um, okay.
**うーん、いいけど…。**

Um（「アム」と発音します）は、「ためらい」あるいは「とまどい」の気持ちを表現します。okay は本来「快諾」を表しますが、Um をつけると、こんなにニュアンスが変わるので注意して。

↓ しぶしぶ

## Kimochi Phrase 07
面倒な頼まれごとを断るとき

# Could you lend me 20,000 yen?

2万円貸してくれない？ と聞かれて

やんわり ▶

難しいかと思います。

▶ そうしたくないんですが。

▶ ちょっと無理ですね。

▶ 悪いけど、無理。

▶ 笑わせないでよ。

きっぱり ▼

お金貸してくんない？

## Could you lend me 20,000 yen?
2万円貸してくれない？と聞かれて…

やんわり →

### I don't think I can.
難しいかと思います。

### I'd rather not.
そうしたくないんですが。

### I'm afraid I can't.
ちょっと無理ですね。

### Sorry, I can't.
悪いけど、無理。

### Don't make me laugh.
笑わせないでよ。

← きっぱり

Kimochi Phrase 07 面倒な頼まれごとを断るとき

# Don't make me laugh.
笑わせないでよ。

Don't make me laugh. は、本気で断っているフレーズ。冗談を言っているんじゃないのはお互いさま。ここまで言われて引き下がらないと、とんでもないトラブルに発展するかも?

> こんなシチュエーションでも…
> *残業してほしい
> *家中の窓を拭いてほしい
> など、面倒なお願いの返事に。

## キモチフレーズ
## ニュアンス解説

### I don't think I can.
**難しいかと思います。**

このように「できるとは思いません」と答えることで、「無理です（I can't）」とストレートに言うよりも、かなりソフトな印象を与えることができます。

### I'd rather not.
**そうしたくないんですが。**

「できればそうしたくない」という意味の言葉です。できる可能性がまったくないわけではないという含みを持たせているので、やわらかい拒絶の表現になります。

### I'm afraid I can't.
**ちょっと無理ですね。**

I'm afraid「残念ですが」でソフトな語調にしていますが、きっぱり断りたいという意思を相手に伝えることができます。はっきりと、でもあまりきつすぎない感じで断りたい場合にオススメ。

### Sorry, I can't.
**悪いけど、無理。**

Sorry「悪いけど」を併用してはいますが、I'm afraid をつけない分、ややきつい言い方になります。相手に対して、厳然とした態度で臨みたいなら、この言い方を使ってみましょう。

### Don't make me laugh.
**笑わせないでよ。**

かなりきつい言い方ですが、時と場合によっては、このぐらい強い断り方をしたほうがいいこともあるでしょう。親しい間柄では、よく用いられるひと言です。

↑ やんわり

↓ きっぱり

**Kimochi Phrase 08**
面倒な頼まれごとを
OKするとき

# Could you drive me to the station?

駅まで送ってくれない？ と聞かれて

駅まで車で送って

快く ↑

▶ ぜひそう させてよ。

▶ よろこんで。

▶ いいよ。

▶ いいんじゃない。

▶ うーん、まあいいか。

↓ しぶしぶ

**Could you drive me to the station?**
駅まで送ってくれない？と聞かれて…

快く

## I'd love to.
ぜひそうさせてよ。

## I'd be happy to.
よろこんで。

## No problem.
いいよ。

## Why not?
いいんじゃない。

## Well, I suppose.
うーん、まあいいか。

しぶしぶ

**Kimochi Phrase 08** 面倒な頼まれごとを OK するとき

> **Why not?**
> いいんじゃない。

駅まで車で送って

じゃあいいよ プイ

え…？…？

軽く OK したつもりで Why not？と言ったアフロくん。前向きな質問に対して使えば「もちろん」という意味になりますが、面倒なことに対して用いると、皮肉っぽくなるので注意です。

**こんなシチュエーションでも…**
＊宿題を手伝ってほしい
＊お使いに行ってほしい
など、面倒なお願いの返事に。

## キモチフレーズ
## ニュアンス解説

快く →

### I'd love to.
#### ぜひそうさせてよ。
love は「愛している」ではなく、「よろこんで…する」という意味です。また、断るときにも、I'd like to, but...「そうしたいけど…」とひと言加えると、残念に思っている気持ちが伝わります。

### I'd be happy to.
#### よろこんで。
I'd be happy to. は、I would be happy to do so.「よろこんでそうさせてもらいますよ」を短くした言い方です。かなり前向きな感じの返事になります。

### No problem.
#### いいよ。
明らかに面倒な頼みごとをする場合、頼むほうも「面倒なことを頼んでしまって悪いな」と少しは思っているもの。「問題ないですよ」という意味のこのフレーズは、相手を安心させます。

### Why not?
#### いいんじゃない。
本来前向きで「もちろんですよ」という意味合いで使われる Why not? ですが、面倒な依頼に対して用いると、「まあ、いいよ」というぐらいの返事になります。少し、皮肉っぽい感じが出ます。

### Well, I suppose.
#### うーん、まあいいか。
Well「うーん…」という、ためらいの気持ちがこもった表現。 Well, I suppose. と言えば、「本当は嫌なんだけどね」という本音を、相手はしっかりくみ取ってくれるでしょう。

→ しぶしぶ

**Kimochi Phrase 09**
ちょっとしたことを謝るとき

# Hey, watch out!

ちょっと、気をつけて！ と言われて

丁寧 ↑

- すみません。お許しください。
- 大変申し訳ないです。
- すみません。
- 失礼。
- あらら。

軽く ↓

## Hey, watch out!
ちょっと、気をつけて！と言われて…

**Oh, please forgive me.**
すみません。お許しください。

**I'm really sorry about that.**
大変申し訳ないです。

Excuse me.
すみません。

Oops.
失礼。

Uh.
あらら。

丁寧 ／ 軽く

Kimochi Phrase 09 ちょっとしたことを謝るとき

# Oh, please forgive me.
すみません。お許しください。

please forgive me は、ネイティブには「お許しください」と聞こえます。ぶつかったくらいでこれでは、あまりに下手に出過ぎ。おばさんは一体彼の何？と思われてしまうかも。

**こんなシチュエーションでも…**
* かさを取り違えた
* 足をふんだ
など、謝りたいときに。

キモチフレーズ
## ニュアンス解説

丁寧 ↑

### Oh, please forgive me.
すみません。お許しください。

かなり丁寧なおわびの言葉です。目上の人や、ちょっと怖そうな人などに使ってみましょう。とくに目上でもない人に使うと、丁寧すぎて不自然な印象を与えるかもしれません。

### I'm really sorry about that.
大変申し訳ないです。

forgive「許す」という言葉を使わない分、Oh, please forgive me. に比べると丁寧さの度合いは落ちますが、これでも十二分に丁寧な表現です。

### Excuse me.
すみません。

sorry は、「自分の非を認める」ために使います。そのため、ちょっとしたことに対して sorry を使うとおおげさになってしまうこともあります。そんなときに使うのがこの表現です。

### Oops.
失礼。

ネイティブが Oops. を使うのは、「失敗しちゃった」という気持ちを表したいとき。なので、「私が悪い」あるいは「私のせいです」というニュアンスが表現できるのです。

### Uh.
あらら。

謝罪表現というより、「あらら」「あちゃー」というひとりごとに近いものです。Oops. にニュアンスが似ていますが、Uh. は「こっちはそんなに悪くないぞ」と思っているときに向いています。

軽く ↓

**Kimochi Phrase 10**
大変なミスを謝るとき

# You broke my vase!? It was expensive!

花瓶を割ったのはキミか？高かったんだぞ！

**と言われて**

（吹き出し）わしの大切な花瓶、キミが割ったの？

丁寧 ↑

おわびの
しようも
ございません。 ▶

大変申し訳
ありません。 ▶

本当に
すみません。 ▶

ごめんなさい。 ▶

ごめん。 ▶

軽く ↓

**You broke my vase!? It was expensive!**
花瓶を割ったのはキミか？高かったんだぞ！と言われて…

丁寧 ↑

## I couldn't be more sorry.
おわびのしようもございません。

## I'm awfully sorry.
大変申し訳ありません。

## I'm so sorry.
本当にすみません。

## I'm sorry.
ごめんなさい。

## Sorry.
ごめん。

↓ 軽く

Kimochi Phrase **10** 大変なミスを謝るとき

> I'm sorry.
> ごめんなさい。

ごめんなさいは I'm sorry. と暗記している人はいませんか？ でも、これは実はカジュアルなフレーズ。大ミスをしたときはもっと真剣に、丁寧な言い方で謝罪しないと誤解されるかも。

**こんなシチュエーションでも…**
＊大事な会議に遅刻した
＊デートをすっぽかした
など、謝りたいときに。

## キモチフレーズ ニュアンス解説

丁寧 ↕ 軽く

### I couldn't be more sorry.
**おわびのしようもございません。**

相当丁寧なおわび表現。「more sorry になれない」、つまり、「これ以上申し訳ないという気持ちになれないぐらい、申し訳ないと思っている」ということです。

### I'm awfully sorry.
**大変申し訳ありません。**

awfully は sorry を強めるための副詞ですが、同時に「かしこまった」感じを与える副詞でもあります。フォーマルなおわびフレーズとして活用してみてください。

### I'm so sorry.
**本当にすみません。**

awfully と同様、so も sorry を強調するために用いられている副詞です。awfully のような「堅苦しさ」はありませんので、フォーマル・カジュアル問わず、さまざまな場面で使えます。

### I'm sorry.
**ごめんなさい。**

相手が目上の人であれば、I'm awfully sorry. や I'm so sorry. を使うべきですが、そうでなければシンプルな I'm sorry. を用いても問題はありません。

### Sorry.
**ごめん。**

友達同士などの場合、丁寧すぎるおわびフレーズではかえってよそよそしく、不自然になってしまうことがあります。親しい者同士なら Sorry. の一語でも十分でしょう。

**Kimochi Phrase 11**
アドバイスを求められて「やりなよ」

# Do you think I should change jobs?

転職しようと思うんだけど、どう思う？

**と言われて**

ん―／転職するべきか／どうすべきか

真剣

- もしかしたら、そうするのがいいのかもしれないね。
- それはいい考えかもしれないね。
- やってみたら？
- やりなよ。
- いいんじゃない？

適当

**Do you think I should change jobs?**
転職しようと思うんだけど、どう思う？と言われて…

真剣 ↑

## That could possibly be a good idea.
もしかしたら、そうするのがいいのかもしれないね。

## That could be a good idea.
それはいい考えかもしれないね。

## Why don't you give it a try?
やってみたら？

## Give it a try.
やりなよ。

## I guess.
いいんじゃない？

適当 ↓

**Kimochi Phrase 11** アドバイスを求められて「やりなよ」

> **I guess.**
> いいんじゃない？

I guess. は軽く「やってみなよ」という意味もありますが、ネイティブには「いいんじゃない？」というくらい軽い感覚に受け取られます。あまり真剣に考えている感じはしませんね。

**こんなシチュエーションでも…**
* 結婚する
* 起業するなどの相談で、相手の背中を押すときに。

## キモチフレーズ ニュアンス解説

真剣 ↑

### That could possibly be a good idea.
**もしかしたら、そうするのがいいのかもしれないね。**

possibly は「ことによると」「考えようによっては」という意味。このような表現を使うことで、「思いつき」ではない「慎重」「真剣」な意見であることが相手に伝わります。

### That could be a good idea.
**それはいい考えかもしれないね。**

could は仮定法で、「…かもしれない」という意味を表します。断定するのを避け、「熟考した結果、慎重な意見を出している」という印象を相手に与えることができます。

### Why don't you give it a try?
**やってみたら？**

give ... a try で、「…を試しにやってみる」となります。Why don't you...? は「…してみたら？」と、相手に提案するときに用いる表現。命令文ではないので押し付けがましくなりません。

### Give it a try.
**やりなよ。**

Why don't you...? を使わない、シンプルな命令文になっています。これは、親しい友人同士で使うのに適したひと言。「やってみなよ」というような感じになりでです。

### I guess.
**いいんじゃない？**

「だと思うよ」「いいのでは？」と、なんとなく答えるニュアンスの、カジュアルな表現。友人同士なら普通に使いますが、目上の人などに対して使うと、ちょっと失礼になってしまうでしょう。

↓ 適当

**Kimochi Phrase 12**
アドバイスを求められて「やめなよ」

# I don't know what this dish is, but I'll have it.

何かよくわからないけど、これにします。

→ と言われて

やんわり
- 私だったら、そうしないと思います。
- たぶん、やめたほうがいいですよ。
- 考え直したほうがいいよ。
- やめときなよ。
- バカなことはよせ。

きっぱり

これください

> **I don't know what this dish is, but I'll have it.**
> 何かよくわからないけど、これにします。と言われて…

## I don't think I would.
私だったら、そうしないと思います。

## Maybe you'd better not.
たぶん、やめたほうがいいですよ。

## You'd better think twice.
考え直したほうがいいよ。

## Don't do it.
やめときなよ。

## Don't be stupid.
バカなことはよせ。

やんわり ↑ ↓ きっぱり

**Kimochi Phrase 12** アドバイスを求められて「やめなよ」

> # I don't think I would.
> 私だったら、そうしないと思います。

とても丁寧な婉曲表現を使って「やめたほうが良いと思います」と伝えたアフロくん。でも、ちょっと弱い表現だったようです。切った魚がピクピク動く活け作りはきついでしょうね。

**こんなシチュエーションでも…**
* 無駄な買い物をする
* 会社を勢いで辞める
など、止めたいときに。

## キモチフレーズ
## ニュアンス解説

やんわり ▲

### I don't think I would.
**私だったら、そうしないと思います。**
I don't think I would have it. を短くしたもので、最もソフトな言い方になります。would という仮定法を使うことによって、語調がかなりやわらげられるのです。

### Maybe you'd better not.
**たぶん、やめたほうがいいですよ。**
had better は少しきつい言い方ですが、このように maybe を文頭につけることで、ずいぶん語調が穏やかになります。「やめたほうがいいんじゃないの？」というくらいのニュアンスです。

### You'd better think twice.
**考え直したほうがいいよ。**
think twice は文字通り「2回考える」ということで、「考え直す」「再考する」という意味になります。実質的には「やめなよ」と言っているのと同じです。

### Don't do it.
**やめときなよ。**
文字通り「それをするのはやめなさい」という、ストレートな表現です。回りくどくない言い方なので、気持ちが相手にはっきりと伝わりますが、命令文なのでキツイ印象になります。

### Don't be stupid.
**バカなことはよせ。**
「バカになるのをやめろ」ではなく、「バカなことをするのはやめろ」という意味です。stupid は「バカな」という強い表現なので、このひと言は友達同士のみで使うにとどめましょう。

きっぱり ▼

**Kimochi Phrase 13**

不安に思っている人に「頑張れ」

# I'm nervous.

緊張してます。

と言われて

丁寧 ↑

あなたなら、必ずうまくやれますよ。

あなたなら、きっとうまくやれますよ。

きっとうまくやれるよ！

ベストを尽くして。

がんばれ！

↓ 気楽

🙂 I'm nervous.
緊張してます。と言われて…

## I know you're going to do great.
あなたなら、必ずうまくやれますよ。

## I'm sure you'll be able to do it.
あなたなら、きっとうまくやれますよ。

## You can do it!
きっとうまくやれるよ！

## Just do your best.
ベストを尽くして。

## Go for it!
がんばれ！

丁寧 ↑
気楽 ↓

**Kimochi Phrase 13** 不安に思っている人に「頑張れ」

> # I know
> # you're going to do great.
> あなたなら、必ずうまくやれますよ。

I know you're going to do great. と言っても、うまくやっているという未来が見えているわけではありません。これは、ネイティブがよく使う、フォーマルな激励の表現です。

> **こんなシチュエーションでも…**
> ＊大切な商談やプレゼンテーション
> ＊テストや、スポーツの試合
> などに挑む人を励ますときに。

キモチフレーズ
## ニュアンス解説

丁寧

### I know you're going to do great.
**あなたなら、必ずうまくやれますよ。**

I know... は「…を知っている」ですが、ここでは「強く確信している」という意味合いになります。do great は「首尾よくやる」「成功する」という意味。フォーマルな激励の言葉です。

### I'm sure you'll be able to do it.
**あなたなら、きっとうまくやれますよ。**

I'm sure... も「…を確信している」という意味ですが、確信の度合いは I know... より少し低くなり、カジュアルな印象になります。do it は「うまくやる」という意味です。

### You can do it!
**きっとうまくやれるよ！**

「やってごらんよ、君ならできるから」というニュアンスで、応援する気持ちを伝えます。ためらいを感じている人に、実行することを勧めるときによく使われる定番のフレーズです。

### Just do your best.
**ベストを尽くして。**

do one's best は「最善を尽くす」という意味。結果をうんぬん言うのではなく、「とにかく頑張ってみなよ」というメッセージを伝えるカジュアルなひと言です。

### Go for it!
**がんばれ！**

口語的な表現で、かなりカジュアルな「頑張れ！」になります。「頑張ってやってごらんよ！」というニュアンスがあり、親しい間柄では、とてもよく使われています。

気楽

**Kimochi Phrase 14**
相手を気遣って「大丈夫？」

## I'm feeling dizzy.

なんかクラクラする…。 **と言われて**

丁寧 ↑

何かしてあげられることはありますか？ ▶

気分は悪くないですか？ ▶

大丈夫ですか？ ▶

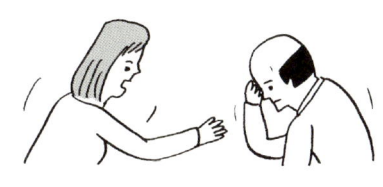

具合でも悪いの？ ▶

どうしたの？ ▶

↓ ラフ

## I'm feeling dizzy.
なんかクラクラする…。と言われて…

丁寧

### Is there anything I can do for you?
何かしてあげられることはありますか？

### Are you feeling okay?
気分は悪くないですか？

### Are you okay?
大丈夫ですか？

### Something wrong?
具合でも悪いの？

### What's wrong?
どうしたの？

ラフ

**Kimochi Phrase 14** 相手を気遣って「大丈夫？」

> **Is there anything I can do for you?**
> なにかしてあげられることはありますか？

(イラスト内のセリフ：じゃあボクとデートしてください／ソリューユー意味ジカ／ナイデス)

確かに Is there anything I can do for you? は、積極的に助力を申し出る言葉。でも、anything I can do の意味を取り違えたら、とんでもない無礼なヤツになってしまいます。

---

**こんなシチュエーションでも…**
＊疲れたように見える人
＊泣きそうな人
などを心配するときに。

キモチフレーズ
## ニュアンス解説

丁寧

### Is there anything I can do for you?
**何かしてあげられることはありますか？**

「何かしてあげられることはないですか？」と、助力を申し出るひと言。かなり丁寧なフレーズで、積極的に相手のことを気遣う気持ちを表現することができます。

### Are you feeling okay?
**気分は悪くないですか？**

「気分は悪くない？」「気持ち悪いんじゃない？」と、相手を気遣ってあげる表現です。体調が悪そうであれば、見知らぬ人や、目上の人に対して使うこともできます。

### Are you okay?
**大丈夫ですか？**

Are you feeling okay? を、ほんの少しだけカジュアルにしたもの。一般的な「大丈夫？」にあたるフレーズで、病気に限らずどんな場合にも使うことができます。

### Something wrong?
**具合でも悪いの？**

Is there something wrong with you? を短くしたものです。目上の人などに使うには少しカジュアルな印象を与える表現なので注意が必要ですが、親しい間柄なら、この言い方が最適です。

### What's wrong?
**どうしたの？**

What's wrong with you? を短くした言い方。相手が具合が悪いことを前提にして「何がよくないの？」と聞いているので、ほかの言い回しよりも、ストレートでカジュアルです。

ラフ

**Kimochi Phrase 15**
悩んでいる人に「私にできることある?」

# I can't find my toupee.

カツラ、どこ行ったんだろう?

**と言われて**

カツラなくしちゃったよ

丁寧 ↑

- あなたのためなら、何だってします。
- 何かできることがあれば、教えてください。
- 何かできることはある?
- 何かできる?
- 何かいる?

↓ 軽く

**I can't find my toupee.**
カツラ、どこ行ったんだろう？と言われて…

## You know I would do anything for you.
あなたのためなら、何だってします。

## If there's anything I can do, please let me know.
何かできることがあれば、教えてください。

## Is there anything I can do?
何かできることはある？

## Can I do something?
何かできる？

## What do you need?
何かいる？

丁寧 ↑

軽く ↓

Kimochi Phrase 15 悩んでいる人に「私にできることある？」

# What do you need?
何かいる？

What do you need? は、困っている人に対してネイティブがよく使う「何かいる？」というカジュアルな表現。ダイレクトに必要なものを聞いている訳ではないので、間違えないで。

**こんなシチュエーションでも…**
* 疲れたように見える人
* 泣きそうな人
などを心配するときに。

## キモチフレーズ ニュアンス解説

丁寧 ▲

### You know I would do anything for you.
**あなたのためなら、何だってします。**

仮定法のwouldを使った、丁寧で、思いやりに満ちたひと言。「何だってするつもりだよ」と、積極的に「役に立ちたい」という姿勢を相手に伝えることができるフレーズです。

### If there's anything I can do, please let me know.
**何かできることがあれば、教えてください。**

ifを使うことで強制的なニュアンスがなくなり、「もし役に立てることがあったら、言ってね」という、気遣いが表現できます。控えめなのでIs there anything I can do?よりも丁寧です。

### Is there anything I can do?
**何かできることはある？**

標準的な言い方です。Is there anything I can do for you?と、for youをつける場合もよくあります。「何でもいいから、してあげられることはないかな？」と、相手に尋ねるニュアンスです。

### Can I do something?
**何かできる？**

「してあげられることはない？」というより、むしろ「何かしてあげたいんだけど」と相手に働きかけるイメージになります。親しい友達などに対して使ってみましょう。

### What do you need?
**何かいる？**

遠まわしに「何かしようか？」と聞くのではなく、ストレートに「何が必要なの？」と聞いています。ラフな印象になりますが、すごく親しい人なら、このような聞き方でもいいですね。

軽く ▼

**Kimochi Phrase 16**

笑い話に「おもしろい」

# Actually, I'm famous in Japan.

実は私は日本では有名なんですよ。

と言われて

すごく

- それはバカウケだよ。
- かなりおもしろいね。
- おもしろいね。
- 楽しいね。
- まあ、わかるよ。

まあまあ

私は日本では有名な

アイドルです

**Actually, I'm famous in Japan.**
実は私は日本では有名なんですよ。と言われて…

すごく

## That's hilarious!
それはバカウケだよ。

## That's so funny.
かなりおもしろいね。

## That's funny.
おもしろいね。

## That's amusing.
楽しいね。

## I get it.
まあ、わかるよ。

まあまあ

Kimochi Phrase 16 笑い話に「おもしろい」

> **That's hilarious!**
> それはバカウケだよ。

ギャグ(?)が相当うけた様子。That's hilarious! は本当におもしろがっているときにネイティブが使う言葉です。聞きなれない hilarious という単語が出てきてもトーンダウンしないで。

**こんなシチュエーションでも…**
* コメディー映画やギャグマンガ
* 友人の言ったジョーク
など、おもしろおかしい話に。

**キモチフレーズ**
# ニュアンス解説

すごく ↑

### That's hilarious!
**それはバカウケだよ。**

この hilarious は、「とてもおかしい」「爆笑させるような」という意味の形容詞です。非常におもしろがっている様子が伝わります。That's a hilarious joke! と言ってもいいでしょう。

### That's so funny.
**かなりおもしろいね。**

funny は hilarious よりはおもしろがっている度合いが弱まります。ですが、副詞の so をつけて強調することで、本当におもしろがっているのだということを相手に伝えることができます。

### That's funny.
**おもしろいね。**

ジョークなどに対する、一番無難な反応。That's hilarious! と言いながら真顔では、相手もしらけてしまうもの。「そこそこおもしろい」と思ったときは、この言葉を使いましょう。

### That's amusing.
**楽しいね。**

amusing も funny と同様、「おもしろい」「おかしい」という意味で使われる形容詞ですが、funny と比べた場合、おもしろがっている度合いは弱くなります。

### I get it.
**まあ、わかるよ。**

この get は「理解する」という意味です。つまり、「どこがおもしろいのかはわかったよ」というニュアンスのひとこと。「あまり笑えないけどね」という含みが伝わるので、使い方に注意して。

↓ まあまあ

**Kimochi Phrase 17**

興味深い話に「おもしろい」

# The populations of Tokyo, Osaka, and Nagoya account for about half of Japan's total population.

東京と大阪と名古屋の人口を足すと、日本の総人口の半分になるんだよ。

と言われて

すごく

- それってチョーすごいね！
- それってすごいね！
- それは知らなかった！
- へえ、本当？
- なるほど。

まあまあ

The populations of Tokyo, Osaka, and Nagoya account for about half of Japan's total population.

東京と大阪と名古屋の人口を足すと、
日本の総人口の半分になるんだよ。と言われて…

すごく

## That's absolutely amazing!
それってチョーすごいね！

## That's amazing!
それってすごいね！

## I didn't know that!
それは知らなかった！

## Oh, really?
へえ、本当？

## I see.
なるほど。

まあまあ

Kimochi Phrase 17 興味深い話に「おもしろい」

Really?
本当なの？

東京と大阪と名古屋の人口を合算すると日本の総人口のだいたい半分になるらしい

え？なんで？なんで？・・・ドキ

それイヤミですか？ムッ

「へえ、本当?（Oh, really?）」と感心したつもりが、ohを付けなかっただけで「それ、本当?」と疑っているようなニュアンスに。ohのアリナシで大きく意味が変わるので注意して。

こんなシチュエーションでも…
＊新製品の発売情報
＊友人のうわさ話
など、おもしろい話に。

**キモチフレーズ ニュアンス解説**

すごく ↑

### That's absolutely amazing!
**それってチョーすごいね！**

amazing は、amaze「（人を）驚かせる」から派生した、「驚くような」という意味の形容詞。absolutely は「まったく」「間違いなく」という意味で、amazing を強めています。

### That's amazing!
**それってすごいね！**

amazing 自体がもともと interesting などよりも強い意味を表すので、absolutely を併用しなくても、深い興味を持っていることを相手にちゃんと伝えることができます。

### I didn't know that!
**それは知らなかった！**

「知らなかったよ」「初めて聞いたよ」というニュアンスの言葉。驚いている度合いは「中ぐらい」で、That's interesting! に近い、標準的な驚きを表す言い方です。

### Oh, really?
**へえ、本当？**

Oh をつけるのがポイント。これがないと、「本当なの？」「それって、ウソじゃないの？」と、相手の言っていることに疑念を持っているニュアンスになってしまうことも。

### I see.
**なるほど。**

相槌(あいづち)にもよく使われる see. ですが、これはあまり「驚いている」感じにはならない表現です。感情をあまり表に出さず、冷静に相手に対応したい場合に使いましょう。

↓ まあまあ

## Kimochi Phrase 18
つまらない話に「興味ないな」

**John and Yoko are dating.**

ジョンとヨーコは付き合っているらしいぜ。

→ と言われて

やんわり

- その話はやめておきましょう。
- それほど興味はないのですが。
- あまり興味ないんだけど。
- 興味ないね。
- それが何か？

きっぱり

**John and Yoko are dating.**
ジョンとヨーコは付き合っているらしいぜ。と言われて…

## I'm afraid I'd rather not talk about that.
その話はやめておきましょう。

## I'm not so interested in that.
それほど興味はないのですが。

## I'm not really interested.
あまり興味ないんだけど。

## I'm not interested.
興味ないね。

## So?
それが何か？

やんわり ↑
きっぱり ↓

**Kimochi Phrase 18** つまらない話に「興味ないな」

> So?
> それが何か?

日本語の「そう」に似ていて、つい相槌でsoと使いたくなりませんか? でも、「だから?」と興味なく聞いているニュアンスになってしまう表現なので、会話で使う際には気を付けて。

> **こんなシチュエーションでも…**
> ＊ セレブのゴシップ話
> ＊ 他人の悪口
> など、関わりたくない話に。

> キモチフレーズ
> ニュアンス解説

やんわり

### I'm afraid I'd rather not talk about that.
**その話はやめておきましょう。**
「興味はない ( not interested )」という、はっきりした表現を使うのを避けたいときのひと言。やんわりと「話題を変えましょう」という気持ちを伝えることができます。

### I'm not so interested in that.
**それほど興味はないのですが。**
not so ...「それほど…ではない」を使って、興味のなさを示しています。「まったく興味がない」ではなく、「少しは興味がある」という意味なので、ソフトな印象を与えます。

### I'm not really interested.
**あまり興味ないんだけど。**
not...really は「あまり…でない」という意味なので、not so... に似ていますが、not so... よりも、その話題に対する興味がやや弱くなるイメージです。

### I'm not interested.
**興味ないね。**
きっぱりと、興味を持っていないことを示すひと事です。短く言い切ることで、相手も「あ、この人は本当に興味がないんだな」とすぐに察してくれるでしょう。

### So?
**それが何か？**
日本語の「そう」とは違い、「だから?」「それが?」と、素っ気なく応じている感じになります。So what? と what を付け加えると、さらに素っ気なさが強まり、やや冷たい印象さえ与えます。

きっぱり

## Kimochi Phrase 19

その話
「ウソでしょ?」

# John and Yoko are dating.

ジョンとヨーコは付き合っているらしいぜ。

**と言われて**

堅い ▶

- それはちょっと信じがたいものがあります。
- ちょっと信じられないですね。
- それは信じられないよ。
- そんなの信じないよ。
- そんなのウソだよ。

くだけた

John and Yoko are dating.
ジョンとヨーコは付き合っているらしいぜ。と言われて…

堅い ↑

**That seems hard to believe.**
それはちょっと信じがたいものがあります。

**I find that hard to believe.**
ちょっと信じられないですね。

I can't believe that.
それは信じられないよ。

I don't believe that.
そんなの信じないよ。

That's a lie.
そんなのウソだよ。

くだけた ↓

Kimochi Phrase **19** その話「ウソでしょ?」

> That's a lie.
> そんなのウソだよ。

「うそ!」と驚いたことを伝えようと、直訳してThat's a lie. と言ってしまうと、ネイティブには「ウソだと決めつけている」と思われてしまうんです。直訳にはご注意を。

**こんなシチュエーションでも…**
* 宝くじが当たった
* 友人が事故にあった
など、信じがたい衝撃的な話に。

# キモチフレーズ ニュアンス解説

堅い ▲

### That seems hard to believe.
**それはちょっと信じがたいものがあります。**

hard to believe は「信じることが難しい」つまり、「信じがたい」というニュアンス。That's hard to believe. と言い切らずに、seem「…と思われる」を使って語調をやわらげています。

### I find that hard to believe.
**ちょっと信じられないですね。**

かなり丁寧な言い方です。find は「見つける」ではなく、「…と思う」という意味で使われています。これも言い切りを避けて、ソフトな語調にすることに役だっています。

### I can't believe that.
**それは信じられないよ。**

「私には信じられない」「それは信じられない」という気持ちを、ストレートに相手に伝える表現です。ただし、「うそつけ！」というような、相手を責める表現にはなりません。

### I don't believe that.
**そんなの信じないよ。**

I can't believe that. が「信じられない」という意味なのに対し、I don't believe that. は、もっと積極的な「そんなこと、私は信じないぞ」というニュアンスを伝えます。

### That's a lie.
**そんなのウソだよ。**

ストレートでかつかなりカジュアルな言い方です。ウソだと決めてかかっているフレーズなので、親しい間柄同士でのみ使うことができる、キツイ表現となります。

くだけた ▼

## Kimochi Phrase 20
### その話「本当?」

**I'll be late. I'm caught in a traffic jam.**

渋滞していて、遅刻しそうだ。

と言われて

堅い

- それは事実ですか？
- そうなんですか？
- 本当ですか？
- 本当？
- マジ？

くだけた

> I'll be late. I'm caught in a traffic jam.
> 渋滞していて、遅刻しそうだ。と言われて…

堅い ↑

## Can that be verified?
それは事実ですか？

## Is that right?
そうなんですか？

## Are you serious?
本当ですか？

## You're sure?
本当？

## Really?
マジ？

↓ くだけた

Kimochi Phrase **20** その話「本当？」

> Really?
> マジ？

「え！ 本当ですか（大変だ、困ったな）」なんて感覚で、Really？と言うと、「マジですか（ウソじゃない）？」の意味に取られる可能性があります。英語にも敬語はあるんです。

こんなシチュエーションでも…
* 会議の時間が変更になった
* 同僚が転勤する
など、情報の真偽を確かめたいときに。

**キモチフレーズ ニュアンス解説**

堅い ↑

### Can that be verified?
#### それは事実ですか？

verify は「(事実だと) 証明する」という意味の動詞。Can that be verified? と受け身にすることで、相手を直接的に責めないニュアンスを出します。ビジネスシーンなどで使われる表現です。

### Is that right?
#### そうなんですか？

Can that be verified? と同様フォーマルな表現です。you ではなく、that を使って情報自体を主語にしているので、相手を責めているような感じにはなりません。

### Are you serious?
#### 本当ですか？

serious には「深刻な」という意味もありますが、ここでは「本気な」「まじめな」という意味で使われています。ややカジュアルですが、最も一般的に使われる表現がこれです。

### You're sure?
#### 本当？

Are you serious? よりも、もう少しカジュアルな感じになります。Are you sure? という語順ではなく、平叙文の語順を用いることで、さらにカジュアルな感じを出しています。

### Really?
#### マジ？

最もカジュアルな言い方がこれ。でも、Really? は、「ウソついてるんじゃないの？」という意味にとられてしまう可能性があるので用法に注意。そのため、友人同士などでのみ使われます。

くだけた ↓

**Kimochi Phrase 21**
その話「ありえない」

# Do you think I can find a girlfriend?

彼女できるかな？

と言われて

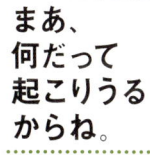

アリ ↑

- まあ、何だって起こりうるからね。
- ありえないことはないだろうけど。
- そうは思わないな。
- もしそうなったら、ビックリだよ。
- まず見込みはないね。

↓ ナシ

🗣 **Do you think I can find a girlfriend.**
彼女できるかな？と言われて…

アリ

## **Anything's possible.**
まあ、何だって起こりうるからね。

## **It's not impossible.**
ありえないことはないだろうけど。

## I doubt it.
そうは思わないな。

## I'd be surprised.
もしそうなったら、ビックリだよ。

## Fat chance.
まず見込みはないね。

ナシ

# ご購読者の皆様へ御礼特典!

デイビッド・セイン presents

**英語ができる人 できない人 の勉強法**

## いまなら無料で公開中!

**ダウンロードはコチラから**

# http://www.ascom-inc.jp/

日本で20年以上の豊富な英語教授経験から導き出された、日本人に一番合う勉強法を公開します。

# アスコムのmini bookシリーズ

アスコム mini book シリーズ

## mini版 ネイティブが使う英語 使わない英語

ディビッド・A・セイン
David.A Thayne

小池信孝
Koike Nobutaka

**ちょっとしたひと言で、あなたの英語が生きた英語に！**

Please sit down.

**注意！**
「どうぞ、座ってください」と言ったつもりが、ネイティブには「早く座れ！」と聞こえています。
➡ 答えはp.146をご覧ください

アスコム

## 詳しくはここにアクセス

⬇⬇⬇⬇⬇⬇⬇⬇⬇⬇⬇⬇

# http://www.ascom-inc.jp/

Kimochi Phrase **21** その話「ありえない」

> **Fat chance.**
> まず見込みはないね。

(なにっ？ / バシッ / ファットでもチャンスはあるぜ！)

「Fat（太っていても）でも chance はあるぜ」はあまりにひどい勘違いですが、fat（大きな）チャンス＝可能性大という意味でもありません。「ぜんぜん見込みがない」という真逆の言葉なんです。

**こんなシチュエーションでも…**
* 芸能人と結婚する
* 会社が倒産した
など、ありえないと思う話に。

キモチフレーズ
## ニュアンス解説

アリ

### Anything's possible.
**まあ、何だって起こりうるからね。**

直訳すると「何が起こるかわからない」という意味。びっくりするようなニュースに基本的には「そうはならない」と思いつつも、「ありえなくはない」と思っているニュアンスになります。

### It's not impossible.
**ありえないことはないだろうけど。**

not impossible「不可能ではない」という二重否定を用いた表現。不可能ではないのだから、一応「あるかもしれない」と思っていることが相手に伝わります。

### I doubt it.
**そうは思わないな。**

doubt は「…ではないと思う」という意味なので、I doubt it. は、I don't think so. とほぼ同じニュアンス。完全に否定するのではなく、疑問の気持ちを挟むという感じです。

### I'd be surprised.
**もしそうなったら、ビックリだよ。**

仮定法 I would be surprised if you find a girlfriend.「万一君に彼女ができたら驚いてしまうだろうね」を短くしたもの。「ありっこないよ」という気持ちが表れています。

### Fat chance.
**まず見込みはないね。**

チャンスが fat「太っている」わけだから「チャンスが大きい」という意味かと思ってしまいますが、Fat chance. は「ぜんぜん見込みがない」という意味で使う口語表現です。

ナシ

**Kimochi Phrase 22**

質問に対して「まだわからない」

# Why don't we go for a drink?

飲みに行かない？

と言われて

丁寧 ↑

- そうしたいんですが、わかりません。
- はっきりしたことは言えません。
- 考えてみます。
- わかんない。
- 微妙なとこ。

軽く ↓

**Why don't we go for a drink?**
飲みに行かない？と言われて…

丁寧

**I'd like to, but I don't know.**
そうしたいんですが、わかりません。

**I can't say for sure.**
はっきりしたことは言えません。

I'll think about it.
考えてみます。

I don't know.
わかんない。

It's iffy.
微妙なとこ。

軽く

**Kimochi Phrase 22** 質問に対して「まだわからない」

> I'd like to, but I don't know.
> そうしたいんですが、わかりません。

今晩飲みにいかない

I'd like to（そうしたいけど）と、丁寧に「まだわからない」ことを伝えたネイティブですが、「行きたいのか」とアフロくんは待っています。それでは、不気味なプレッシャーを与えるだけかも。

**こんなシチュエーションでも…**
* 締め切りに間に合うかどうか
* お金が足りるかどうか
など、まだわからない話に。

**キモチフレーズ　ニュアンス解説**

丁寧

### I'd like to, but I don't know.
**そうしたいんですが、わかりません。**

I'd like to は仮定法を使った丁寧な表現。but... と併せて使い「そうしたいのですが…」という気持ちを伝えます。I don't know. は「どうなるかまだわからない」ということ。

---

### I can't say for sure.
**はっきりしたことは言えません。**

for sure は「確実に」「はっきりと」という意味です。I can't say for sure. で、「現段階でははっきりと返事をすることはできない」つまり、まだわからないというニュアンスになります。

---

### I'll think about it.
**考えてみます。**

回答を留保するときに用いられる定番フレーズ。日本語の「考えてみます」はほとんど断っているような感じですが、英語の I'll think about it. は、もう少しポジティブなニュアンス。

---

### I don't know.
**わかんない。**

ストレートに「わからない」と答えるなら、この I don't know. を使ってみましょう。なお、I don't know yet. と yet「まだ」を使うと、「今はまだわからない」という意味になります。

---

### It's iffy.
**微妙なとこ。**

iffy は if「もしも……」からきた口語言葉で、「仮定的な」「不確実な」「微妙な」という意味を表します。口語なので、親しい間柄での、カジュアルな返答として使われます。

軽く

**Kimochi Phrase 23**
質問に対して
「いや（違います）」

## Is this the boss's toupee?

これ社長のカツラかな？

→ と聞かれて

やんわり ▼

- たぶん違うと思います。
- 違うと思います。
- いいえ、違います。
- 違うね。
- もちろん違いますよ。

きっぱり ▼

### Is this the boss's toupee?
これ社長のカツラかな？と聞かれて…

## I don't believe it is.
たぶん違うと思います。

## I don't think so.
違うと思います。

## No, it's not.
いいえ、違います。

## No.
違うね。

## Of course not.
もちろん違いますよ。

やんわり ↕ きっぱり

## Kimochi Phrase 23 質問に対して「いや（違います）」

> No.
> 違うね。

YesかNoかで答えなくては！ と勘違いしてNo.とだけ返事をしてしまうのは、ストレート過ぎる表現なので避けたいところ。こんなとき、ネイティブはどんな返事をするのでしょう？

**こんなシチュエーションでも…**
* 「ここは禁煙席ですか？」と聞かれた
* 映画館で「そこ座ってる？」と聞かれた
など、違うと言いたいときに。

## キモチフレーズ
## ニュアンス解説

**やんわり** ↑

### I don't believe it is.
**たぶん違うと思います。**

I don't believe... は、I don't think... よりも丁寧な響きを持つ表現です。初対面の人や目上の人などに対して使っても、まったく問題のない言い回しです。

### I don't think so.
**違うと思います。**

「…と思います」と言うことで、断定することを避けた表現。I don't think... は、I don't believe... よりも若干丁寧さが落ちますが、穏やかで丁寧な言い方です。

### No, it's not.
**いいえ、違います。**

Is this...? という質問に対する教科書的な答え方ですね。No. だけで答えるよりも、ずいぶんソフトな印象を与えます。「…と思います」などの表現を使っていないのでストレートです。

### No.
**違うね。**

シンプルに、No. という一語でだけで応じるというパターンは、初対面の人に対して使うにはちょっとストレートすぎるので避けたい表現。もちろん、友達同士ならまったく問題ありません。

### Of course not.
**もちろん違いますよ。**

この言い方は「もちろん違うに決まってるでしょ」と、決めつけている感じになります。ごく親しい間柄でのみ使われる、かなりストレートな表現です。

**きっぱり** ↓

**Kimochi Phrase 24**
出来を聞かれて「微妙」

# How's the sweater I made?

私が編んだセーターどう？

と聞かれて

丁寧 ↑

悪くないんじゃないですか？

まあ、いいんじゃないかな。

悪くないよ。

ちょっとわからないな。

うーん…。

↓ くだけた

## How's the sweater I made?
私が編んだセーターどう？と聞かれて…

丁寧 ↑

**It doesn't look too bad, I suppose.**
悪くないんじゃないですか？

**It's okay, I guess.**
まあ、いいんじゃないかな。

It's not too bad.
悪くないよ。

I don't know.
ちょっとわからないな。

Well...
うーん…。

↓ くだけた

**Kimochi Phrase 24** 出来を聞かれて「微妙」

> It's okay, I guess.
> 悪くはないよ。

> How is it?
> どう？

彼女から彼氏に手編みのセーターのプレゼント。ちょっと厳しいかも…というデザインの評価を聞かれたネイティブの「微妙…」という返事は、彼女に真意が伝わらなかったようです。

**こんなシチュエーションでも…**
* 料理の味
* バイオリンやピアノの腕前
など、仕上がりが微妙なものに。

## キモチフレーズ
## ニュアンス解説

丁寧 →

### It doesn't look too bad, I suppose.
**悪くないんじゃないですか？**

It doesn't look too bad で「悪くはない」という意味。I suppose...「…と思われます」をつけることで、さらに語調がやわらかくなります。かなり丁寧で、無難な言い方になります。

### It's okay, I guess.
**まあ、いいんじゃないかな。**

I suppose... と同様、I guess...「…と思う」も語調をやわらげる表現。okay は「良い（good）」ではなく、「悪くない（not too bad）」という意味で使われる表現です。

### It's not too bad.
**悪くないよ。**

「悪くはない」からといって「良い」という意味ではありません。要するに「可もなく不可もない」ということ。suppose や guess を使わないストレートな表現なので、普段遣いに最適です。

### I don't know.
**ちょっとわからないな。**

「知らない」という意味ではなく「微妙なので判断が難しい」「なんとも言いがたい」という気持ちを表す表現。「微妙だと思っている」ことがストレートに相手に伝わります。

### Well...
**うーん…。**

Well... は、ためらいがちに「言いたくない」という気持ちを表しています。この表現はややデリカシーに欠けますが、友達同士などで使うならオーケーでしょう。

← くだけた

102

**Kimochi Phrase 25**
評価を聞かれて
「個人的には NG」

# What do you think of this soup?

私の作ったスープどう？

→ と聞かれて…

やんわり ▼

- まあ、好きだっていう人の気持ちもわからなくはないです。
- 好きな人は好きでしょうね。
- あまり好みではないです。
- 好みではないです。
- 僕には合わないな。

きっぱり ▼

## What do you think of this soup?
**私の作ったスープどう?** と聞かれて…

### I can see why some people would like it.
まあ、好きだっていう人の気持ちもわからなくはないです。

### Some people might like it.
好きな人は好きでしょうね。

### I don't really care for it.
あまり好みではないです。

### I don't care for it.
好みではないです。

### It's not for me.
僕には合わないな。

やんわり ↑ ↓ きっぱり

**Kimochi Phrase 25** ▶ 評価を聞かれて「個人的にはNG」

> # I can see why some people would like it.
> まあ、好きだっていう人の気持ちもわからなくはないです。

じゃあ毎日作るね！

some people would like it（これが好きな人がいるのもわかる）とは言っても、ネイティブはこの表現を遠まわしに「ダメ」と言っているんです。つまりスープはまずかったんです。

> **こんなシチュエーションでも…**
> ＊新曲や新作映画
> ＊アート作品
> など、好みではないものの感想に。

## キモチフレーズ ニュアンス解説

やんわり ▲

### I can see why some people would like it.
**まあ、好きだっていう人の気持ちもわからなくはないです。**

直訳すれば、「好きだという人もいるというのが、なぜだかわかりますよ」ということ。相手を気遣って、遠まわしに「私は嫌いです」という気持ちを伝えます。

### Some people might like it.
**好きな人は好きでしょうね。**

Some people... は「…という人々もいます」という意味ですが、暗に「私は違う」という気持ちがこめられています。might「…かもしれない」を使うことで語調をやわらげています。

### I don't really care for it.
**あまり好みではないです。**

遠まわしに言うのではなく、ストレートに「私は好きじゃない」と言うときのひとこと。not...really は「あまり…ではない」という表現で、語調をやわらげる働きをしています。

### I don't care for it.
**好みではないです。**

I don't like it. と言ったら「嫌いです」という意味になってしまいますが、I don't care for it. はもっとやわらかい感じで、「あまり好きではありません」というニュアンスに。

### It's not for me.
**僕には合わないな。**

for は「…に合っている」「…の好みである」というニュアンスで使われます。ストレートに「趣味じゃない」「好みじゃない」という気持ちを伝える表現です。

▼ きっぱり

**Kimochi Phrase 26**
順番を譲る「どうぞ」

# Oh, excuse me.

あら失礼。

→ と言われて

丁寧 ▲

どうぞ、あなたが先にお入りください。 ▶

どうぞ、お先にお入りください。 ▶

お先にどうぞ。 ▶

先に入って。 ▶

入って。 ▶

無愛想 ▼

😶 **Oh, excuse me.**
あら失礼。と言われて…

丁寧

# Why don't you go first?
どうぞ、あなたが先にお入りください。

# Please, after you.
どうぞ、お先にお入りください。

## After you.
お先にどうぞ。

## You go first.
先に入って。

## Go.
入って。

無愛想

**Kimochi Phrase 26** 順番を譲る「どうぞ」

# You go first.
先に入って。

「お先にどうぞ」を直訳した You go first. は、とてもカジュアルな表現。「大富豪に親切にして、莫大なお礼をもらう」なんて夢を妄想していますが、この表現ではダメでしょう。

### こんなシチュエーションでも…
* ドアの前や道端
* タクシーやバスの列

などで、順番を譲るときに。

**キモチフレーズ　ニュアンス解説**

丁寧 ▲

### Why don't you go first?
どうぞ、あなたが先にお入りください。

この Why don't you go first? は「よかったら、先に入ってください」という意味なので、押し付けがましい感じにならない、最も好印象を与える言い方になります。

### Please, after you.
どうぞ、お先にお入りください。

Please を文頭に置くのがポイント。please は「どうぞ…してください」という意味で、ここでは「入ってください」というニュアンスになります。

### After you.
お先にどうぞ。

マルチに使える定番表現。「私はあなたのあとで結構ですよ」という意味になります。No, after you. と、No を一緒に使うこともよくあります。

### You go first.
先に入って。

「先に入ってよ」と、少し命令するような感じです。After you. よりも、だいぶカジュアルな印象になります。とくに急いでいるときなどに、ネイティブが多用するフレーズです。

### Go.
入って。

ちょっとぶっきらぼうに思えるかもしれませんが、これでも十分に通じます。命令文なので、目上の人などに用いるのは失礼になるで避けたほうがいいでしょう。

▼ 無愛想

**Kimochi Phrase 27**
食べ物をすすめる「どうぞ」

# May I open it?

開けていい？

→ と聞かれて

丁寧 ▲

気に入ってもらえるといいんですが。 ▶

どうぞ召し上がれ。 ▶

召し上がれ。 ▶

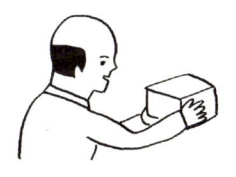

食べて。 ▶

全部食べちゃって。 ▶

気軽 ▼

サンキュー

🗨 **May I open it?**
開けていい？と聞かれて…

**I hope you like it.**
気に入ってもらえるといいんですが。

**Please enjoy.**
どうぞ召し上がれ。

**Enjoy.**
召し上がれ。

**Have at it.**
食べて。

**Eat up.**
全部食べちゃって。

丁寧 ↑ ↓ 気軽

Kimochi Phrase **27** 食べ物をすすめる「どうぞ」

# I hope you like it.
気に入ってもらえるといいんですが。

日本語でよく使う「お口にあえば…」に似た丁寧な表現 I hope you like it. ですが、手土産文化のない欧米人に使うと、すごいものをもらってしまった？　と期待させてしまうかも。

**こんなシチュエーションでも…**
＊手づくりのお菓子や料理
＊手土産
など、食べ物をすすめるときに。

## キモチフレーズ ニュアンス解説

### I hope you like it.
**気に入ってもらえるといいんですが。**

I hope... は「…だといいのですが」というニュアンス。控えめな感じで、相手に好印象を与えるひとことです。命令文ではないので、押し付けがましくありません。

### Please enjoy.
**どうぞ召し上がれ。**

この enjoy は「味わう」という意味で、eat を丁寧にした言い方。Please eat. とはまず言いません。これでは、「頼むから食べてください」という、ヘンな意味になってしまいます。

### Enjoy.
**召し上がれ。**

please を使わなくても、丁寧な感じは十分に伝わります。Enjoy the meal. や Enjoy the food. のように、enjoy の目的語をつけて使うこともあります。

### Have at it.
**食べて。**

have at... は「…に襲いかかる」という意味で、「食べ物にかぶりつく」「食らいつく」というユーモラスなイメージを想起させます。ややカジュアルな表現です。

### Eat up.
**全部食べちゃって。**

このときの up は「残らず」「全部」というニュアンスを表します。「残さず食べてね」「全部食べてね」という、カジュアルな表現になります。

丁寧 → 気軽

**Kimochi Phrase 28**

失敗したときに
「やっちゃった」

# I missed the train, so I'm going to be late.

電車に乗り遅れて、遅刻だ。

→ というときに

上品

- あら、何てことでしょう！
- おやまあ！
- 何てこった！
- くそっ！
- チックショー！

下品

発車しまーす

オーマイグッドネス

## I missed the train, so I'm going to be late.
電車に乗り遅れて、遅刻だ。というときに…

上品

**Oh, my goodness!**
あら、何てことでしょう！

**Oh, dear!**
おやまあ！

**Oh, no!**
何てこった！

Darn.
くそっ！

Damn!
チックショー！

下品

Kimochi Phrase 28 失敗したときに「やっちゃった」

> **Oh, my goodness!**
> あら、何てことでしょう！

Godをむやみに使うのはタブーという知識はあったアフロくん。そこで、丁寧に Oh, my goodness！と言ったら周りは失笑。電車を逃したくらいで大げさな上、丁寧すぎてオバちゃんぽい？

**こんなシチュエーションでも…**
* 忘れ物をしたとき
* 仕事でミスしたとき
など失敗したときの、ひと言。

# キモチフレーズ ニュアンス解説

## Oh, my goodness!
### あら、何てことでしょう！

神様の名前を呼ぶことは不敬だという理由から、Oh, my God!の God を goodness に置き換えた言い回しです。これが、最も丁寧な表現となります。

## Oh, dear!
### おやまあ！

これは、どちらかというと女性が好んで使う「おやまあ！」といった表現です。若者などは、あまり使いません。かなり丁寧で、上品な感じになります。

## Oh, no!
### 何てこった！

失礼すぎず、くだけすぎていないので広く使える言い回しです。「しまった」「やっちゃった」という気持ちを英語で表現したいときに、どんどん使ってみましょう。

## Darn.
### くそっ！

damn が少し下品な言葉なので、あえて少し発音を変えて遠回しな表現にしたものです。下品な言葉が嫌いなネイティブは、damn ではなくて、こちらの言い方をします。

## Damn!
### チックショー！

damn はスラングで、いわゆる「ののしり言葉」です。ひとりごととして使うぶんには問題ありませんが、人に向かって言うと失礼になってしまうので注意して下さい。

上品 ↑ ↓ 下品

**Kimochi Phrase 29**

話の続きを聞く
「それで？」

## I saw Catherine make a big mistake.

キャサリンが
大失敗するところを見ちゃって〜。

と言われて

興味津々 ▶

もっと
続きを話して。 ▶

それで、
次に何が
起きたの？ ▶

それで、
どうなったの？ ▶

それで？ ▶

ふんふん。 ▶

興味ナシ

🙂 I saw Catherine made big mistake.
キャサリンが大失敗するところを見ちゃって〜。と言われて…

興味津々

## Tell me more.
もっと続きを話して。

## What happened next?
それで、次に何が起きたの？

## And then?
それで、どうなったの？

## And?
それで？

## Uh-huh?
ふんふん。

興味ナシ

**Kimochi Phrase 29** 話の続きを聞く「それで?」

> Uh-huh?
> ふんふん。

(アハ)

昨日キャサリンが馬糞ふんじゃってさ

くさかった〜

相鎚？笑ってんの？どっちなのよ日本人？

(アハ)

ネイティブっぽい相鎚（あいづち）「アハ」の多用にはご注意を。興味なく聞いているように誤解されます。アフロくんのうなずく「アハ」と、笑い声の「アハ」が混じり、ネイティブは混乱している様子。

**こんなシチュエーションでも…**
* 友人の体験談
* 経過報告
など、会話の相鎚に。

## キモチフレーズ
## ニュアンス解説

興味津々

### Tell me more.
#### もっと続きを話して。

一見ぶっきらぼうなようですが、実は please をつけるよりも、この形のほうが自然です。「さらに詳しい話を聞きたい」という、はやる気持ちが相手に伝わります。

### What happened next?
#### それで、次に何が起きたの？

次に起きたことを質問し、話の展開を促すひと言です。きちんとした文型をとっているので、丁寧な印象になります。興味津々であるということが、相手に伝わります。

### And then?
#### それで、どうなったの？

ものすごく興味を持っている、というようなニュアンスではありませんが、最も標準的に使われるひと言です。素っ気ない感じにはなりませんので、広く使うことができます。

### And?
#### それで？

この And? だけの場合は、「興味の度合い」は then「それから」で続きを促す And then? よりも少なめ。それほど興味がない話を聞かされたときなどに、使ってみてください。

### Uh-huh?
#### ふんふん。

Uh-huh? は「相槌」です。話を促すというより、相手が話を区切ったところで、「ちゃんと話を聞いてます」と意思表示するために使うので、多用すると「話を聞いていない」と誤解されるかも。

興味ナシ

# カタコト英語克服度チェック!

ここまで勉強してきたフレーズを暗記できているか、アルファベット順に並んだフレーズで確かめましょう!
もちろん、インデックスとしても活用してください。

| ✓ | English | 日本語 | ページ |
|---|---|---|---|
| | After you. | お先にどうぞ。 | 108 |
| | All right. | うん。 | 020 |
| | All right. | どうぞ。 | 028 |
| | And? | それで? | 120 |
| | And then? | それで、どうなったの? | 120 |
| | Anything's possible. | まあ、何だって起こりうるからね。 | 088 |
| | Are you feeling okay? | 気分は悪くないですか? | 060 |
| | Are you okay? | 大丈夫ですか? | 060 |
| | Are you serious? | 本当ですか? | 084 |
| | Can I do something? | 何かできる? | 064 |
| | Can that be verified? | それは事実ですか? | 084 |
| | Damn! | チックショー! | 116 |
| | Darn. | くそっ! | 116 |
| | Don't be stupid. | バカなことはよせ。 | 052 |
| | Don't do it. | やめときなよ。 | 052 |
| | Don't make me laugh. | 笑わせないでよ。 | 032 |
| | Eat up. | 全部食べちゃって。 | 112 |
| | Enjoy. | 召し上がれ。 | 112 |
| | Excuse me. | すみません。 | 040 |
| | Fat chance. | まず見込みはないね。 | 088 |
| | Forget it! | 絶対に嫌だ。 | 024 |
| | Give it a try. | やりなよ。 | 048 |
| | Go for it! | がんばれ! | 056 |
| | Go. | 入って。 | 108 |
| | Have at it. | 食べて。 | 112 |

| ✓ | English | 日本語 | ページ |
|---|---|---|---|
| | I can see why some people would like it. | まあ、好きだっていう人の気持ちもわからなくはないです。 | 104 |
| | I can't believe that. | それは信じられないよ。 | 080 |
| | I can't say for sure. | はっきりしたことは言えません。 | 092 |
| | I can't. | 無理。 | 016 |
| | I couldn't be more sorry. | おわびのしようもございません。 | 044 |
| | I didn't know that! | それは知らなかった！ | 072 |
| | I don't believe it is. | たぶん違うと思います。 | 096 |
| | I don't believe that. | そんなの信じないよ。 | 080 |
| | I don't care for it. | 好みではないです。 | 104 |
| | I don't know. | わかんない。 | 092 |
| | I don't know. | ちょっとわからないな。 | 100 |
| | I don't really care for it. | あまり好みではないです。 | 104 |
| | I don't think I can. | 難しいかと思います。 | 032 |
| | I don't think I would. | 私だったら、そうしないと思います。 | 052 |
| | I don't think so. | 違うと思います。 | 096 |
| | I doubt it. | そうは思わないな。 | 088 |
| | I find that hard to believe. | ちょっと信じられないですね。 | 080 |
| | I get it. | まあ、わかるよ。 | 068 |
| | I guess. | まあ、いいけど…。 | 020 |
| | I guess. | いいんじゃない？ | 048 |
| | I hope you like it. | 気に入ってもらえるといいんですが。 | 112 |
| | I know you're going to do great. | あなたなら、必ずうまくやれますよ。 | 056 |
| | I see. | なるほど。 | 072 |
| | I suppose so. | いいんじゃない。 | 028 |
| | I wish I could, but unfortunately I can't. | そうしたいのはやまやまだけど、残念ながらできないんだ。 | 016 |
| | I'd be happy to. | よろこんで。 | 036 |
| | I'd be surprised. | もしそうなったら、ビックリだよ。 | 088 |
| | I'd like to, but I don't know. | そうしたいんですが、わかりません。 | 092 |
| | I'd love to. | ぜひそうさせてよ。 | 036 |

| ✓ | English | 日本語 | ページ |
|---|---|---|---|
| | I'd rather not. | そうしたくないんですが。 | 032 |
| | If there's anything I can do, please let me know. | 何かできることがあれば、教えてください。 | 064 |
| | I'll have to say no. | ちょっとダメですね。 | 024 |
| | I'll think about it. | 考えてみます。 | 092 |
| | I'm afraid I can't. | ちょっと無理かも。 | 016 |
| | I'm afraid I can't. | ちょっと無理ですね。 | 032 |
| | I'm afraid I'd rather not talk about that. | その話はやめておきましょう。 | 076 |
| | I'm afraid I'll have to decline. | 残念ながら、できないんです。 | 016 |
| | I'm afraid you can't. | 残念ですが、ダメです。 | 024 |
| | I'm awfully sorry. | 大変申し訳ありません。 | 044 |
| | I'm not interested. | 興味ないね。 | 076 |
| | I'm not really interested. | あまり興味ないんだけど。 | 076 |
| | I'm not so interested in that. | それほど興味はないのですが。 | 076 |
| | I'm really sorry about that. | 大変申し訳ないです。 | 040 |
| | I'm so sorry. | 本当にすみません。 | 044 |
| | I'm sorry. | ごめんなさい。 | 044 |
| | I'm sure you'll be able to do it. | あなたなら、きっとうまくやれますよ。 | 056 |
| | Is that right? | そうなんですか？ | 084 |
| | Is there anything I can do for you? | 何かしてあげられることはありますか？ | 060 |
| | Is there anything I can do? | 何かできることはある？ | 064 |
| | It doesn't look too bad, I suppose. | 悪くないんじゃないですか？ | 100 |
| | It was all my pleasure. | いえいえ、こちらこそありがとうございました。 | 012 |
| | It's iffy. | 微妙なとこ。 | 092 |
| | It's not for me. | 僕には合わないな。 | 104 |
| | It's not impossible. | ありえないことはないだろうけど。 | 088 |
| | It's not too bad. | 悪くないよ。 | 100 |
| | It's okay, I guess. | まあ、いいんじゃないかな。 | 100 |
| | Just do your best. | ベストを尽くして。 | 056 |
| | Maybe I'd better not. | 遠慮させてください。 | 016 |

| ✓ | English | 日本語 | ページ |
|---|---|---|---|
| | Maybe you'd better not. | たぶん、やめたほうがいいですよ。 | 052 |
| | My pleasure. | こちらこそ。 | 012 |
| | No problem. | ぜんぜん構わないよ。 | 028 |
| | No problem. | いいよ。 | 036 |
| | No, it's not. | いいえ、違います。 | 096 |
| | No, sorry. | ダメです。 | 024 |
| | No. | 違うね。 | 096 |
| | Of course not. | もちろん違いますよ。 | 096 |
| | Of course! | もちろん！ | 020 |
| | Oh, dear! | おやまあ！ | 116 |
| | Oh, my goodness! | あら、何てことでしょう！ | 116 |
| | Oh, no! | 何てこった！ | 116 |
| | Oh, okay. | あ、どうも。 | 008 |
| | Oh, please forgive me. | すみません。お許しください。 | 040 |
| | Oh, really? | へえ、本当？ | 072 |
| | Okay. | オッケーですよ。 | 012 |
| | Okay. | いいよ。 | 028 |
| | Oops. | 失礼。 | 040 |
| | Please enjoy. | どうぞ召し上がれ。 | 112 |
| | Please, after you. | どうぞ、お先にお入りください。 | 108 |
| | Really? | マジ？ | 084 |
| | So? | それが何か？ | 076 |
| | Some people might like it. | 好きな人は好きでしょうね。 | 104 |
| | Something wrong? | 具合でも悪いの？ | 060 |
| | Sorry, I can't. | 悪いけど、無理。 | 032 |
| | Sorry. | ごめん。 | 044 |
| | Sounds fun! | おもしろそう！ | 020 |
| | Sure. | いえいえ。 | 012 |
| | Sure. | いいね。 | 020 |
| | Tell me more. | もっと続きを話して。 | 120 |
| | Thank you! | ありがとう！ | 008 |
| | Thank you ever so much. | ありがとうございます。 | 008 |
| | Thanks. | ありがと。 | 008 |
| | Thanks a lot. | どうもありがとう。 | 008 |
| | That could be a good idea. | それはいい考えかもしれないね。 | 048 |

| ✓ | English | 日本語 | ページ |
|---|---|---|---|
| | That could possibly be a good idea. | もしかしたら、そうするのがいいのかもしれないね。 | 048 |
| | That seems hard to believe. | それはちょっと信じがたいものがあります。 | 080 |
| | That's a lie. | そんなのウソだよ。 | 080 |
| | That's absolutely amazing! | それってチョーすごいね！ | 072 |
| | That's amazing! | それってすごいね！ | 072 |
| | That's amusing. | 楽しいね。 | 068 |
| | That's funny. | おもしろいね。 | 068 |
| | That's hilarious! | それはバカウケだよ。 | 068 |
| | That's so funny. | かなりおもしろいね。 | 068 |
| | The answer's no. | 答えは「ノー」です。 | 024 |
| | Uh. | あらら。 | 040 |
| | Uh-huh? | ふんふん。 | 120 |
| | Um, okay. | うーん、いいけど…。 | 028 |
| | Well, I suppose. | うーん、まあいいか。 | 036 |
| | Well... | うーん…。 | 100 |
| | What do you need? | 何かいる？ | 064 |
| | What happened next? | それで、次に何が起きたの？ | 120 |
| | What's wrong? | どうしたの？ | 060 |
| | Why don't you give it a try? | やってみたら？ | 048 |
| | Why don't you go first. | どうぞ、あなたが先にお入りください。 | 108 |
| | Why not? | いいんじゃない。 | 036 |
| | You can do it! | きっとうまくやれるよ！ | 056 |
| | You go first. | 先に入って。 | 108 |
| | You know I would do anything for you. | あなたのためなら、何だってします。 | 064 |
| | You'd better think twice. | 考え直したほうがいいよ。 | 052 |
| | You're sure? | 本当？ | 084 |
| | You're welcome. | どういたしまして。 | 012 |

# mini版
# ネイティブスピーカーに**グッと**近づく英語

2010年8月20日 第1版第1刷

著者　　　　　

マンガ・イラスト
装丁＆　　　　　細山田光宣、木寺
本文デザイン　　細山田デザイン事

編集　　　柿内尚文
発行人　　高橋克佳
発行所　　株式会社アスコム
　　　　　〒105-0002　東京都千代田区愛宕1-1-11
編集部　　TEL 03-5425-6625
営業部　　TEL 03-5425-6626　FAX 03-5425-6770
印刷　　　中央精版印刷株式会社

© AtoZ　CO.,LTD
Printed in Japan
ISBN　978-4-7762-0615-6

本書は2007年3月に小社より刊行された
「失礼な英語　丁寧な英語」の文庫サイズ版です。

本書は著作権上の保護を受けています。
本書の一部あるいは全部について、株式会社アスコムから文書による許諾を
得ずにいかなる方法によっても無断で複写することは禁じられております。
落丁本、乱調本は、お手数ですが小社営業部までお送りください。
送料小社負担でお取り替えいたします。
定価はカバーに表示してあります。